Cahier de résidence

Bianca Argimon

à la Holding Textile Hermès

sous le parrainage de Jean-Michel Alberola

ACTES SUD | FONDATION D'ENTREPRISE HERMÈS

Entretiens de Gaël Charbau avec Bianca Argimon et Jean-Michel Alberola

De janvier à mars 2017, Bianca Argimon s'est installée dans la région lyonnaise, entre les ateliers de la soie Gandit[1] et la SIEGL[2] appartenant à la Holding Textile Hermès[3], pour développer un projet protéiforme, dont le point de départ est un grand dessin qui met en scène différentes saynètes sur les excès de notre mode de vie contemporain. Les quatre œuvres produites ont intégré différents procédés, contraintes et savoir-faire de l'impression sur soie.

Gaël Charbau : Tu as proposé la candidature de Bianca Argimon pour cette nouvelle résidence dans les manufactures de la maison Hermès. Qu'est-ce qui a motivé ton choix ?
Jean-Michel Alberola[4] : J'apprécie beaucoup son univers délirant qui se rapporte toujours à des questions politiques, sociales ou économiques bien réelles. Lorsque l'on entre dans ses dessins, on se retrouve dans une véritable histoire du capitalisme mondial ! À mon sens, elle appartient à cette veine d'artistes qui n'hésitent pas à s'emparer à nouveau des grands récits, à proposer une forme de description du monde, à poser une parole sur ce monde. À l'origine de sa résidence, il y a un grand dessin qui fonctionne exactement comme une parabole mettant en scène différentes aberrations liées à notre domination de la nature, à notre relation à la surconsommation… J'étais très enthousiaste à l'idée de faire entrer son approche très réflexive dans le cadre des manufactures Hermès.
G. C. : C'est justement en découvrant toutes les étapes des procédés d'impression que Bianca a fait évoluer petit à petit son projet comme à rebours de son état initial…
J.-M. A. : Dès l'instant où elle s'est approprié la structure, la chaîne de la fabrication, son projet est devenu une forme de décomposition de l'élaboration d'une image, avec ses implications industrielles, mécaniques, chimiques… Elle a intégré dans son projet toutes les contraintes liées aux procédés

1. Marcel Gandit est le graveur historique de la soie Hermès. Il crée son entreprise en 1942. Maillon essentiel de la chaîne de fabrication, celle-ci rejoindra Hermès en 2005 et ne cessera de se moderniser.

2. La Société d'impression sur étoffes du Grand-Lemps est un site de production qui regroupe différentes activités textiles, dont la coloration, l'impression suivant différentes techniques, la finition et le contrôle de la qualité. Elle a rejoint Hermès en 2002.

3. Située en Rhône-Alpes, la Holding Textile Hermès est un pôle réunissant dix établissements répartis sur quatre sites principaux. Pôle de production textile du groupe Hermès, elle fournit tous les accessoires textiles Hermès (carrés et cravates) vendus dans le monde et une partie du prêt-à-porter Hermès homme et femme. Depuis le début du programme de résidences d'artistes de la Fondation d'entreprise Hermès, la Holding Textile Hermès a accueilli Célia Gondol (2015), Jennifer Avery (2014), Gabriele Chiari (2013), Andrés Ramirez (2012) et Benoît Piéron (2010).

employés par les artisans dans les manufactures de la soie, depuis les étapes de numérisation, d'ajustement des couleurs, jusqu'à l'impression finale. Elle a développé la même intensité d'exigence que les artisans eux-mêmes. Ce qui m'a intéressé dans cette expérience, c'est l'idée de savoir où le travail s'achemine globalement, mais sans jamais pouvoir anticiper les étapes, les ajustements qui jalonnent le chemin, avec plusieurs directions possibles, parfois contradictoires… mais, comme dans la vie, avec une finalité qui les réunit.

4. Né en 1953, Jean-Michel Alberola s'est fait connaître au début des années 1980 par le retour à la figuration et à la "peinture cultivée". Récemment, on a pu voir son travail dans le cadre des expositions *Mathématiques, un dépaysement soudain* à la Fondation Cartier, *Néons* à la Maison Rouge et *Les Maîtres du désordre* au musée du Quai Branly (2012), ainsi qu'à la Fondation Maeght dans *Les Aventures de la vérité*, en 2013. Le Palais de Tokyo lui a consacré une grande exposition en 2016.

Gaël Charbau : Comment replacerais-tu le projet que tu as réalisé dans les ateliers de la soie dans l'ensemble de ton travail plastique ?
Bianca Argimon : Je m'inspire toujours de sujets qui m'interpellent dans l'actualité ou qui sont liés à des faits historiques. J'ai par exemple réalisé un ensemble qui porte les noms des colorants qu'on peut trouver dans les céréales Fruit Loops : *Rouge #40, Bleu #2, Curcuma, Jaune #6, Oxyde de zinc, Annatto, Bleu #1.* Il représente la ferme du XXIe siècle, déshumanisée et robotisée, où les vaches s'autoalimentent. Leur propre lait est déversé dans un bassin central, rejoint par les Fruit Loops d'une usine voisine, constituant ainsi un bol géant de céréales multicolores qu'elles ingèrent par le biais de pailles immenses. Dans ce *loop* à échelle surhumaine, les vaches défilent et repartent chacune à leur tour colorées, tantôt en rouge, tantôt en bleu, etc. J'ai aussi réalisé des tapis où je me suis réapproprié la symbolique du tapis d'Orient : des jardins vus du ciel (des espaces ouverts) introduits dans des espaces fermés, nos chambres. En m'intéressant à leurs formes, je me suis penchée sur les prisons panoptiques imaginées par Bentham, qui s'articulent autour d'un noyau central, et dont l'architecture vue du ciel est proche de celle du jardin. Le *panopticon*, à l'inverse, enferme… Je tiens toujours à traduire dans mon travail une forme d'engagement, non pas au sens d'une dénonciation, mais en écrivant un chapitre XXI[5], chapitre où par exemple l'homme et la nature prononcent leur divorce. Le dessin que j'ai imaginé pour ce projet en résidence reflète ce dernier exemple. Il s'intitule *À l'ouest d'Éden*, car j'ai représenté "à l'ouest" de ma composition un manège où les chevaux sont remplacés par des navettes, dont l'une s'échappe vers le ciel : elle quitte lâchement la Terre une fois que celle-ci ne présente plus d'intérêt ; un nouveau départ, comme celui vers Mars que nous envisageons aujourd'hui… L'idée de ce dessin s'est précisée après ma visite de l'exposition rétrospective de Jérôme Bosch au Prado

5. Chapitre qui correspond pour l'artiste au XXIe siècle.

en 2016, avec la redécouverte du *Jardin des délices*. C'est là que l'association des vices et de la soie (si agréable au toucher et à l'œil) s'est concrétisée.

G. C. : Peux-tu me décrire quelques éléments de ce dessin très riche et complexe ?

B. A. : Tout ce que l'on y voit est interdépendant… J'ai associé le symbole de la pomme à la marque Apple et au monopole de celle-ci, mais aussi à l'uniformité aujourd'hui de nos modes de vie. Dans le dessin, j'ai tenu à représenter les pommiers pixélisés, comme si ces arbres de l'Éden avaient été rachetés également par le géant Steve Jobs – qui figure dans le dessin, en train de promouvoir sa dernière tablette auprès d'Ève. On retrouve aussi dans ma composition l'univers du jeu, un Rubik's Cube, des dominos, des jeux de cartes qui symbolisent le jeu dangereux auquel l'homme se prête en défiant la nature. J'essaie toujours de garder une touche d'humour, comme par exemple avec les quelques autruches qui ont la tête plantée sous terre – pour ne pas voir – tandis que d'autres se promènent tranquillement avec des lunettes de réalité augmentée, pour voir autre chose.

G. C. : Ce grand dessin a fonctionné comme une matrice, source de plusieurs déclinaisons qui découlent toutes de l'original ou de ses fragments…

B. A. : J'ai en effet voulu faire plusieurs expériences à partir de cette matière première. Dans un premier projet, j'ai souhaité rendre perceptible la décomposition opérée par les artisans et le matériel informatique (ordinateurs, imprimantes…) qui leur sert à créer des motifs et à imprimer au cadre des foulards sur soie. J'ai réduit mon dessin à quatre couleurs (cyan, magenta, jaune, noir) et nous avons reproduit l'original à l'aide de ces quatre impressions sur des mousselines, en les superposant. L'œuvre finale est donc ce double du dessin retravaillé par couches. J'ai par ailleurs réalisé quatre pochettes, une pour chaque couleur, qui permettent de transporter les mousselines et évoquent le caractère léger de l'œuvre. J'ai ensuite réalisé un autre projet qui reprend uniquement un détail de l'arbre pixélisé du dessin original, sur le même principe de superposition, mais cette fois sur douze épaisseurs de mousseline. Les imprimantes de la SIEGL utilisent onze cartouches de couleurs différentes, nous avons donc isolé onze nuances de cet arbre pour imprimer sur chaque mousseline une couleur unique, afin de reconstituer le motif complet par superposition. Ces mousselines sont présentées suspendues à un Robrack[6], qu'on retrouve partout dans les manufactures de la soie pour conserver les échantillons.

6. Support de présentation des échantillons de tissu.

Le troisième projet, c'est un livre qui mesure 80 x 50 centimètres, dans lequel j'ai reproduit les étapes de construction de mon dessin original. Au fur et à mesure de son élaboration, j'ai en effet scanné à sept reprises les différents stades d'avancement, de façon à en restituer le déroulé dans ce livre. Là encore, sur le principe de calques empilés, le dessin réapparaît couche par couche, un peu comme un double fantôme. Avec ce dispositif, je voulais garder toutes les strates de la fabrication du dessin. Enfin, j'ai conçu un projet qui découle de l'arbre pixélisé et des jeux que j'évoque dans le dessin : il s'agit de petits cubes en bois de la taille de dés à jouer, peints de différentes teintes de vert et présentés sur une tablette avec leur gobelet à lancer.

G. C. : Compte tenu des sujets que tu traites, qui ne sont pas forcément très joyeux, te définirais-tu comme une illustratrice ou peut-être comme une "désillustratrice" ? Peux-tu m'en dire un peu plus sur ta relation au dessin ?

B. A. : Oui ! Comme une désillustratrice, c'est assez juste, l'illustration se rapportant souvent à un texte, à une histoire... Comme je pars de mon imagination et du monde qui m'entoure, je trouve que le terme que tu as trouvé est plus approprié... C'est vrai que j'aime beaucoup le dessin et c'est une pratique que je privilégie par rapport aux autres, on me demande souvent pour quelles raisons. Je dirais que c'est sans doute la sobriété de l'outil, tout ce que je peux réaliser avec si peu de moyens. Cela a toujours été une manière immédiate et automatique de retranscrire une idée, un sentiment, une image qui me passait par la tête, ou même l'interprétation d'un rêve. Lorsque j'entame un dessin, je prends toujours énormément de recul et passe plus de temps à méditer sur la composition générale plutôt qu'à dessiner (de manière locale). Je l'envisage de loin, pour voir s'il fonctionne, en termes de couleurs, de répartition des masses, etc. Ce temps très lent, très étiré, de création et de réflexion est important pour moi... J'essaie comme je peux d'être maître de mon sablier, mais il est difficile de tenir dans la course contre la montre dans laquelle s'est engagé notre siècle.

G. C. : Comment se sont déroulées les étapes de ta résidence ? Ont-elles fait évoluer ton projet ?

B. A. : Dans un premier temps, j'ai travaillé sur le site de Gandit où nous avons eu une approche très technique, très informatique de mon projet. Nous avons procédé au scan haute définition, puis au traitement avec des tablettes graphiques, des outils puissants, mais avec lesquels je ne me sens pas toujours en phase. Les tests d'impression que nous faisions sur le papier se sont révélés très différents des résultats finaux. À la suite de cette préparation, je suis passée à la phase des impressions sur soie et mousseline à la SIEGL, où j'ai eu un contact très direct avec les coloristes avec lesquels nous avons beaucoup travaillé sur la qualité finale du rendu des couleurs. C'est à force de recherches et de discussions que j'en suis arrivée à l'idée d'imprimer mon dessin sur différentes couches de mousseline, en entrant complètement dans le processus de leur travail. Nous avons poussé la logique de l'isolement des couleurs et je crois que j'ai emmené tout le monde dans cette exploration. Le fait de déjeuner ensemble tous les jours, de découvrir tous les processus a été très important pour moi, car je connais très bien la sérigraphie[7], mais je connaissais très mal la complexité de l'impression à jet d'encre. En partageant nos techniques et notre langage, nous avons vraiment créé une rencontre entre mes idées et les possibilités matérielles de la manufacture, et je suis parvenue à retrouver la magie nécessaire à ce projet.

7. Bianca mentionne ici la technique qui correspond à l'impression sur soie "à la lyonnaise" ou "au cadre", que pratique Hermès pour ses carrés.

À l'ouest d'Éden

à la Holding Textile Hermès

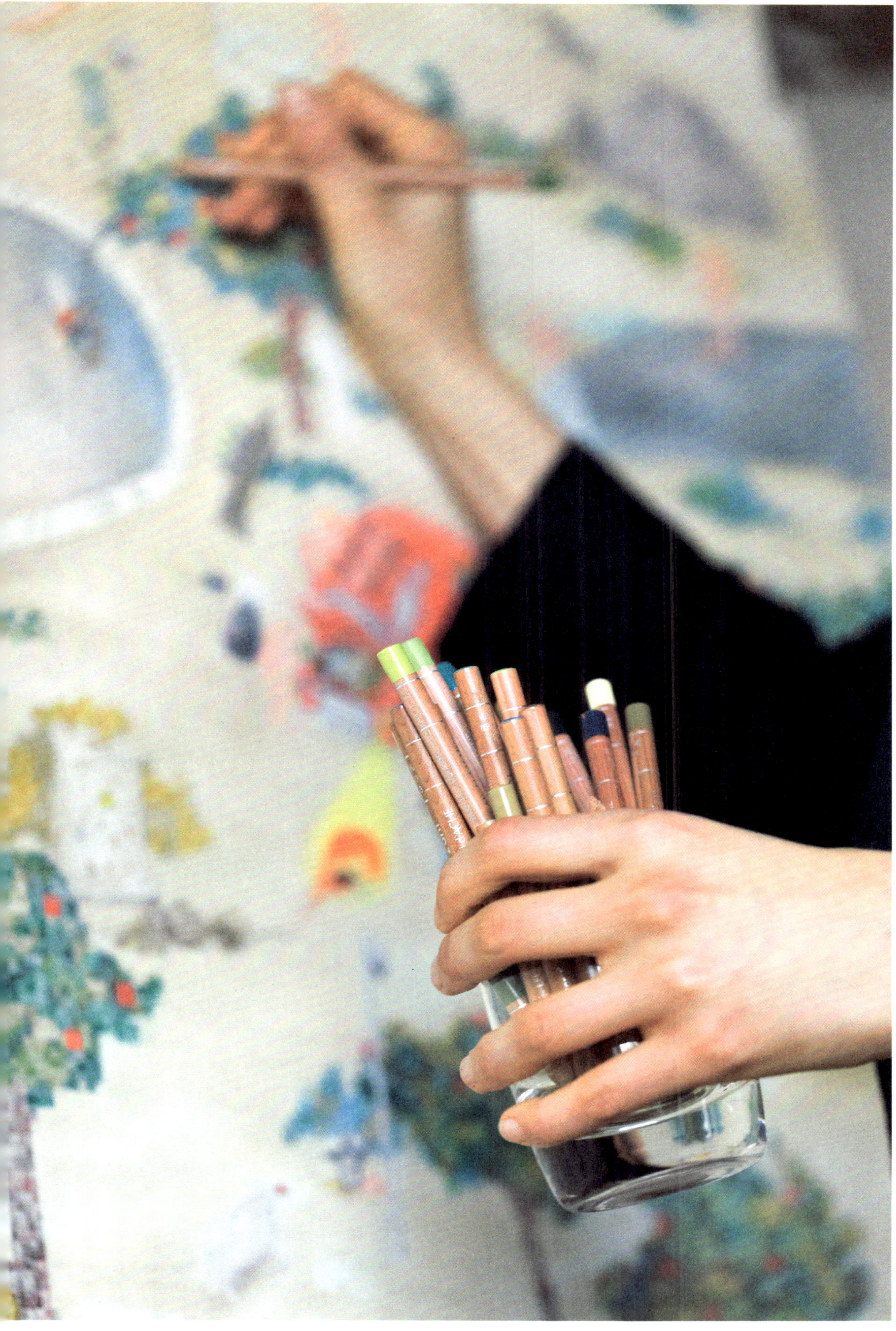

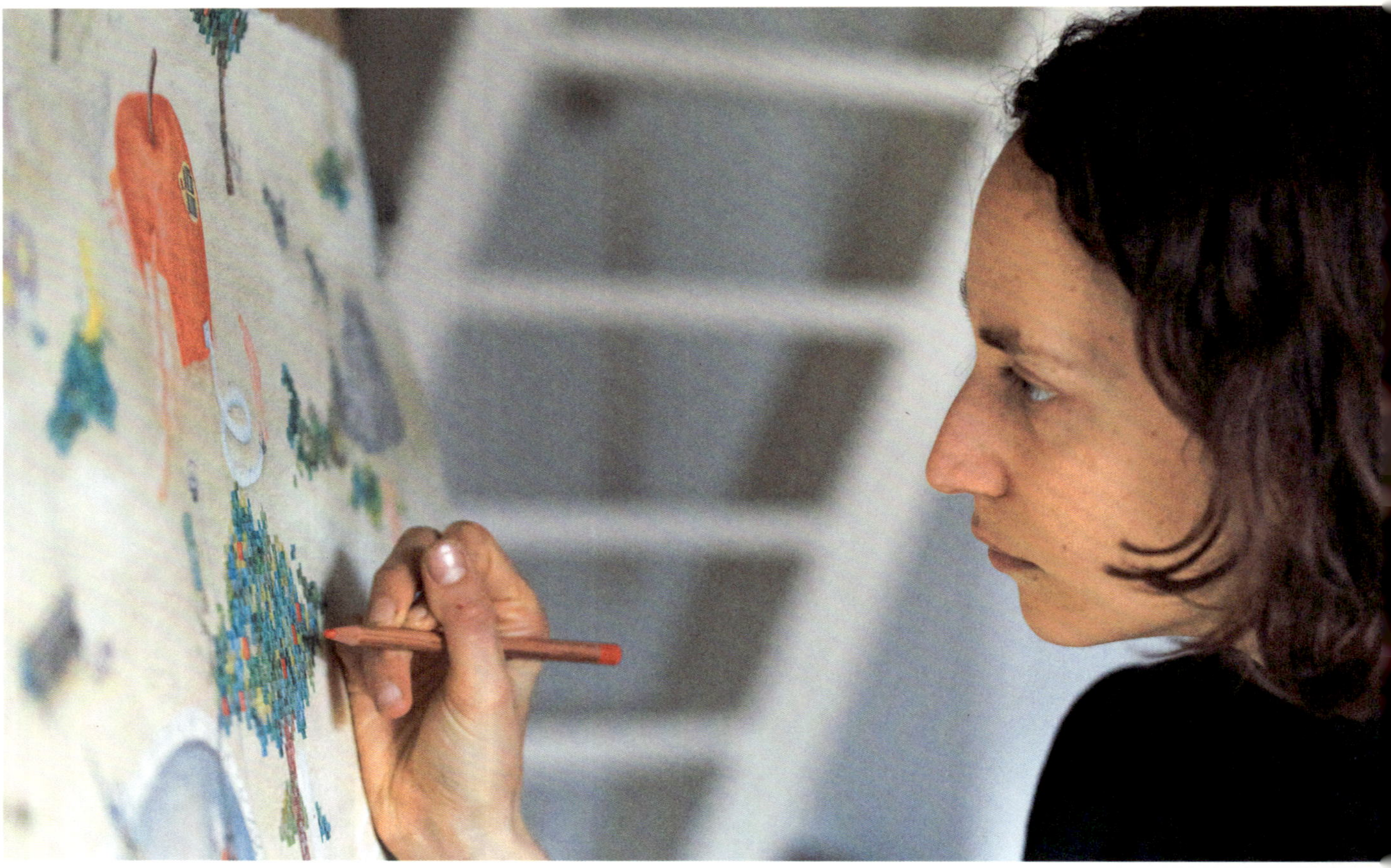

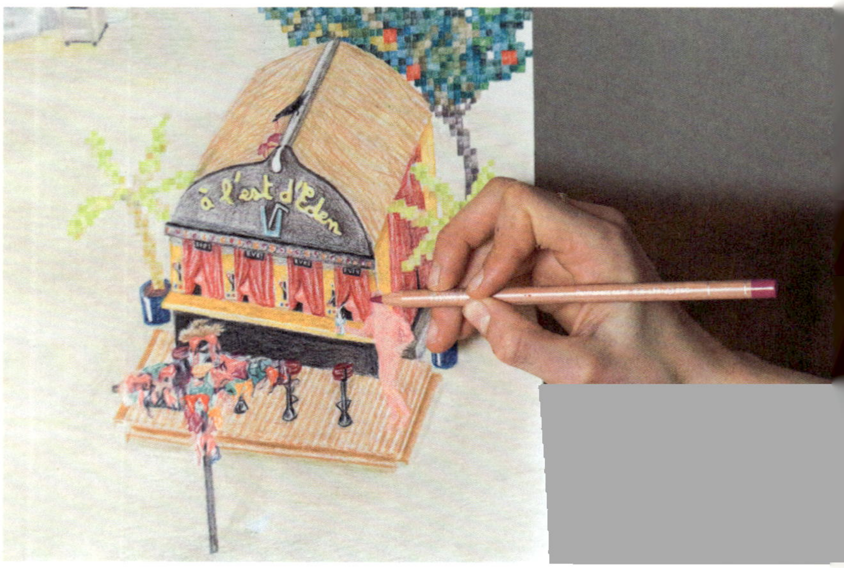

J'ai réalisé ce dessin en amont de la résidence. Il représente le *Jardin des délices* ayant subi les transformations du XXIe siècle, la nature y est pixélisée e
pommier n'est plus le seul vice représenté. J'ai voulu établir un lien entre la soie – le support – et le sujet même du dessin – les vic

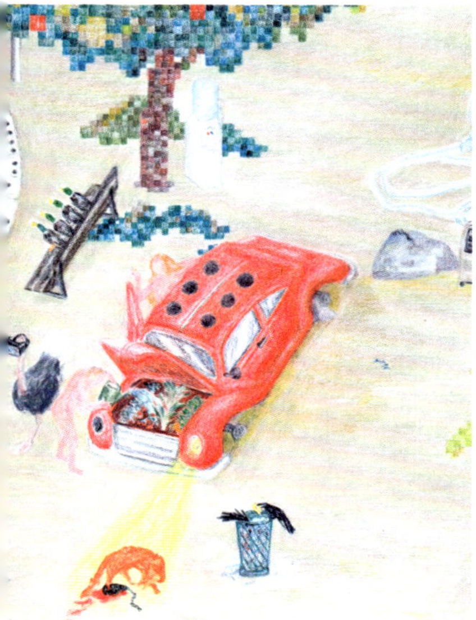

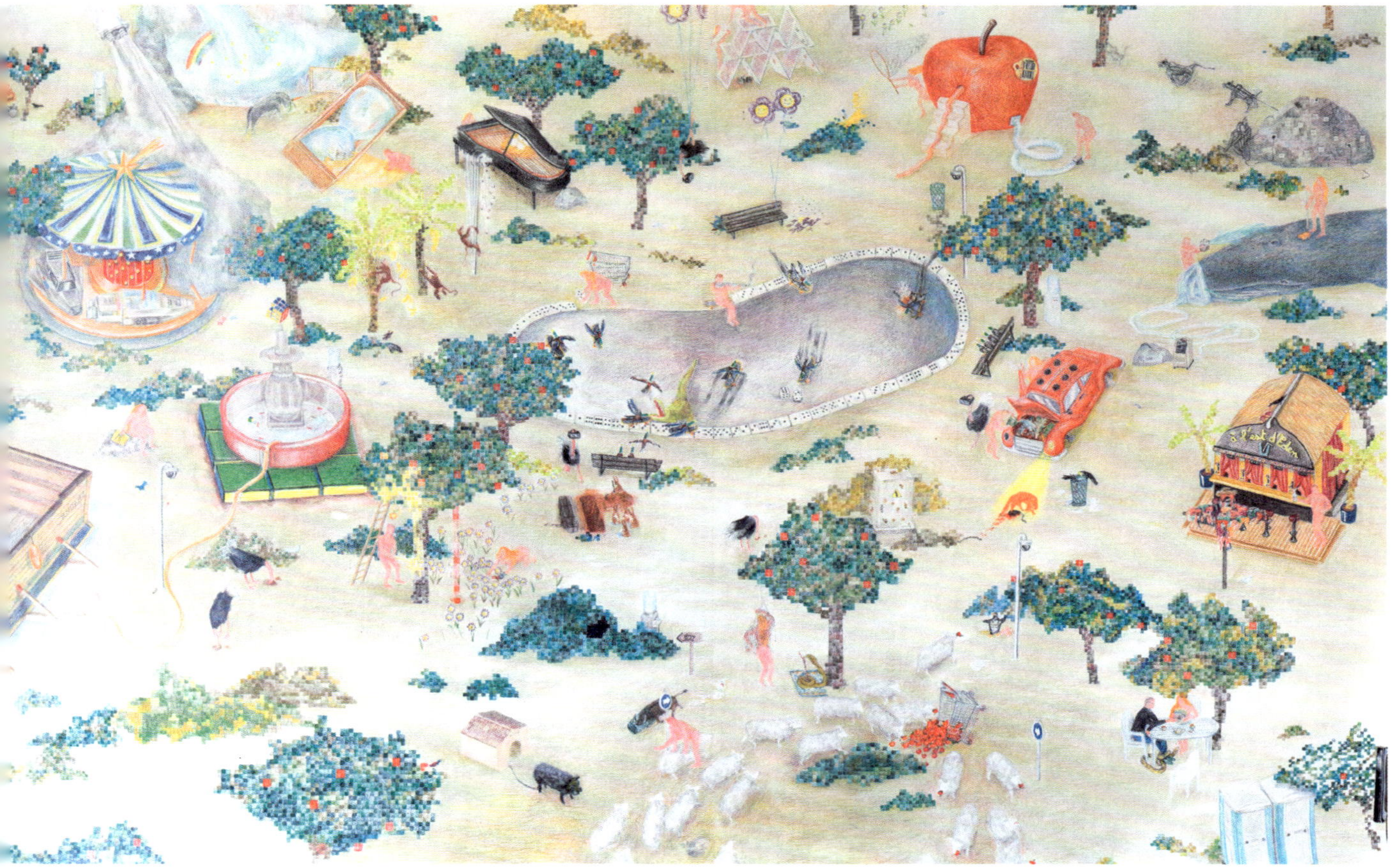

ade this drawing before the residency. It represents the *Garden of Earthly Delights* after undergoing 21st-century transformations. Nature is pixelated and the ble tree is no longer the only vice. I wanted to establish a link between the silk—the support—and the actual subject of the drawing: the vices.

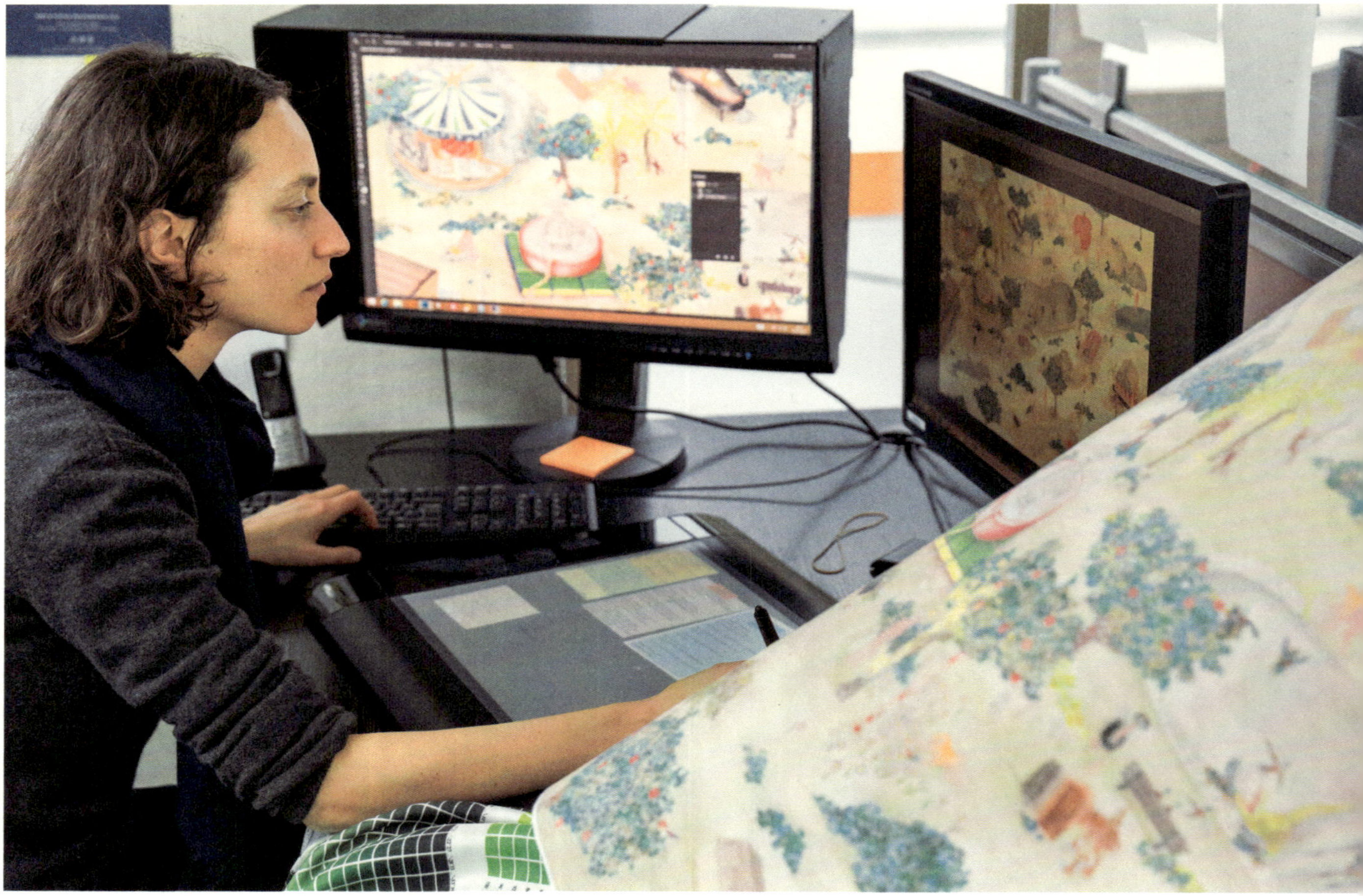

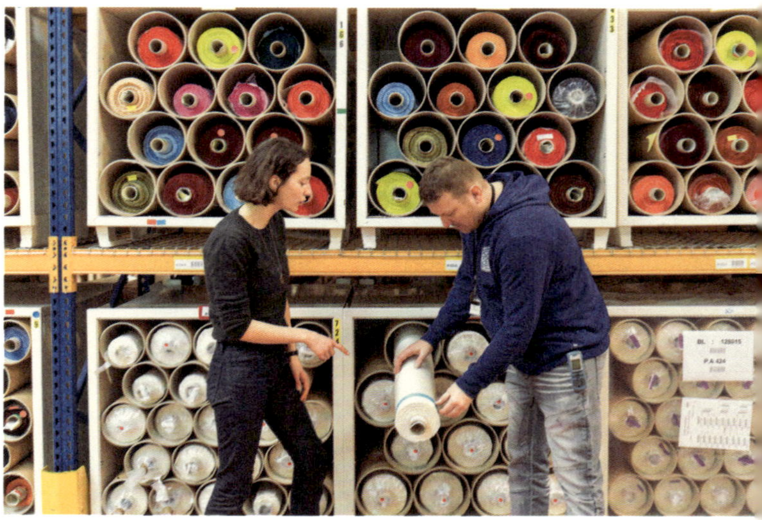

La première étape a été de numériser mon dessin original tout en explorant les stocks de soie de la manufactur
The first stage was to digitize my original drawing while exploring the manufactory's silk stock

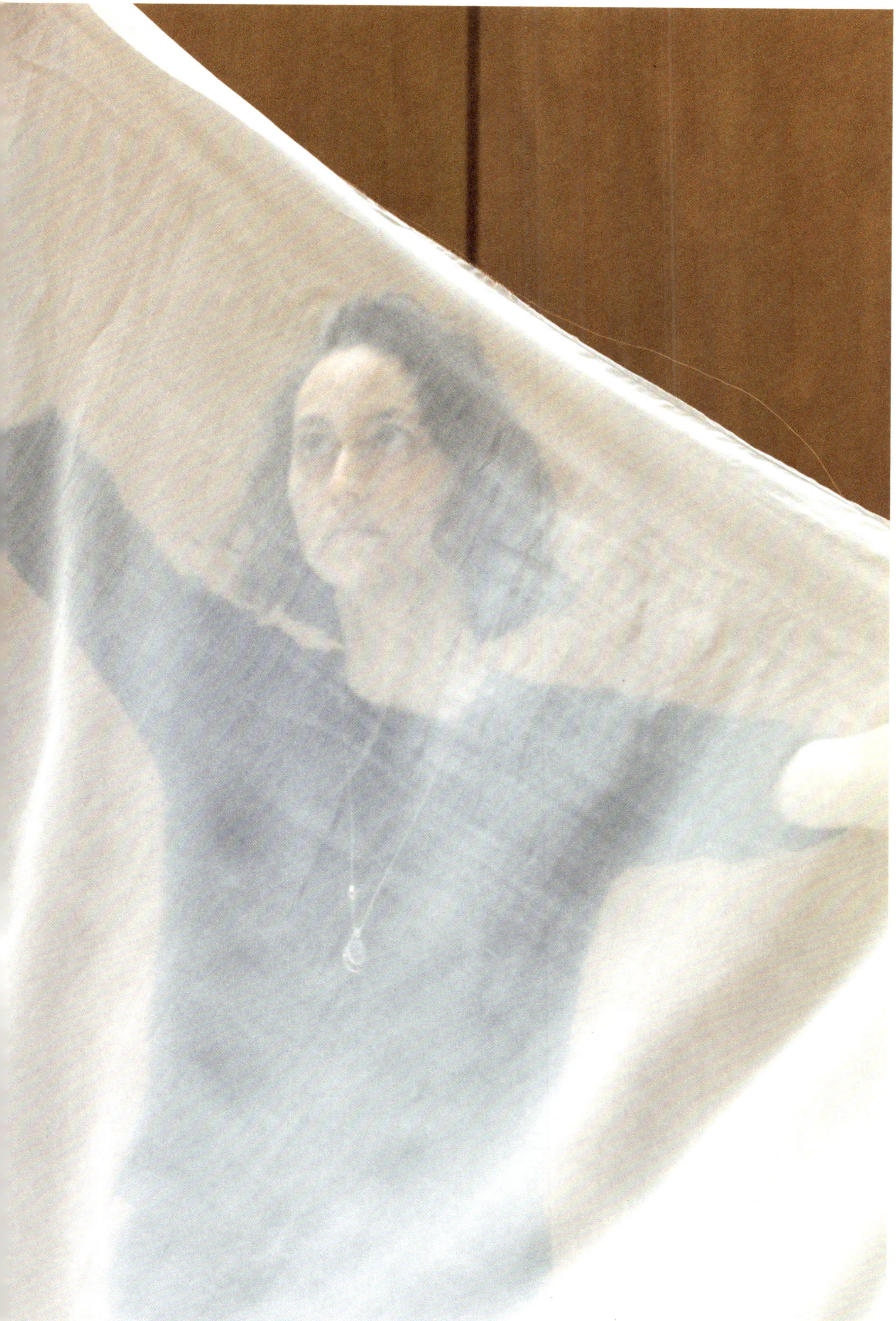

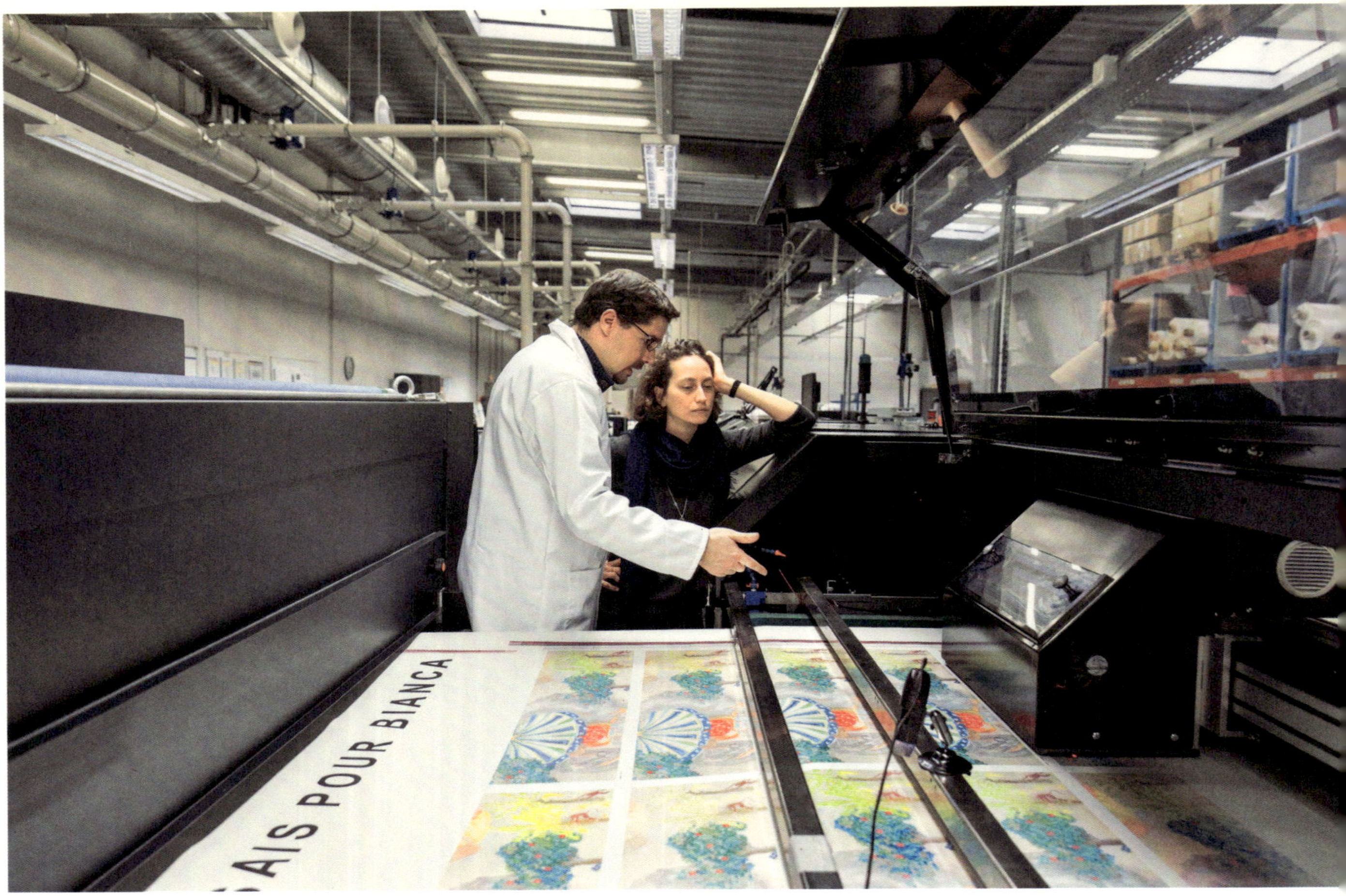

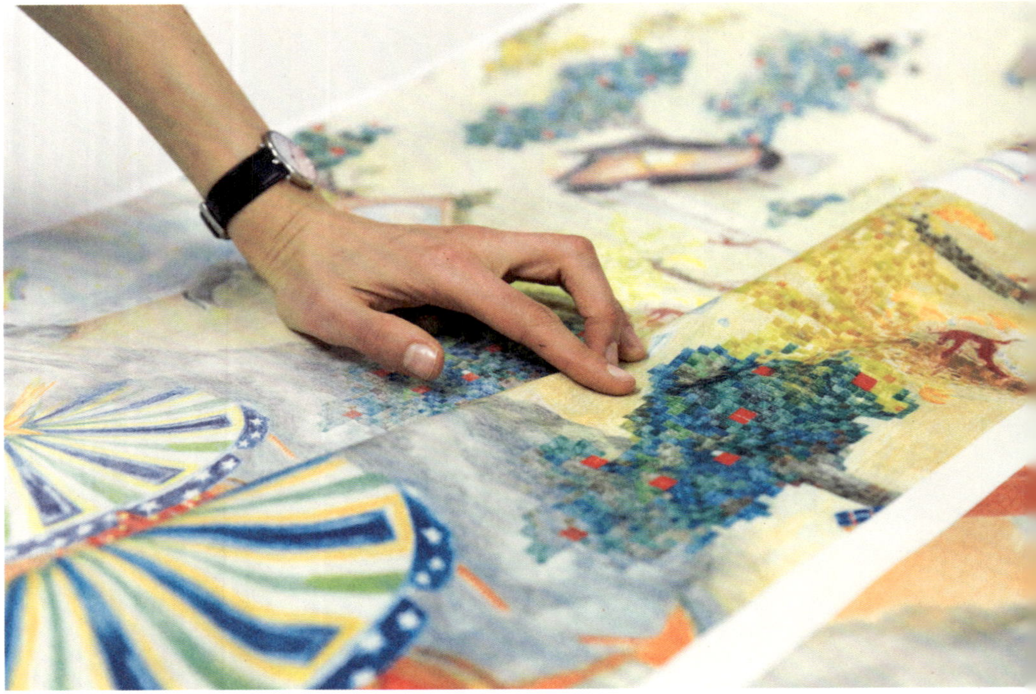

Ensuite, d'en travailler les couleurs et les subtilités par le biais des outils numéric
Next came using digital tools to bring out all the colours and subtle

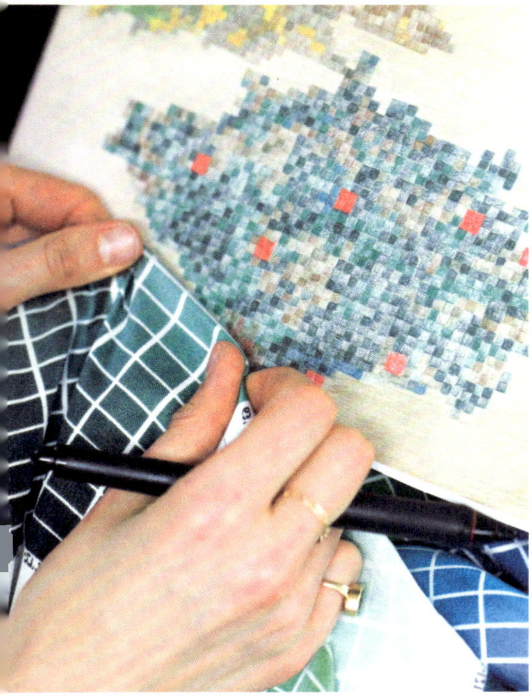

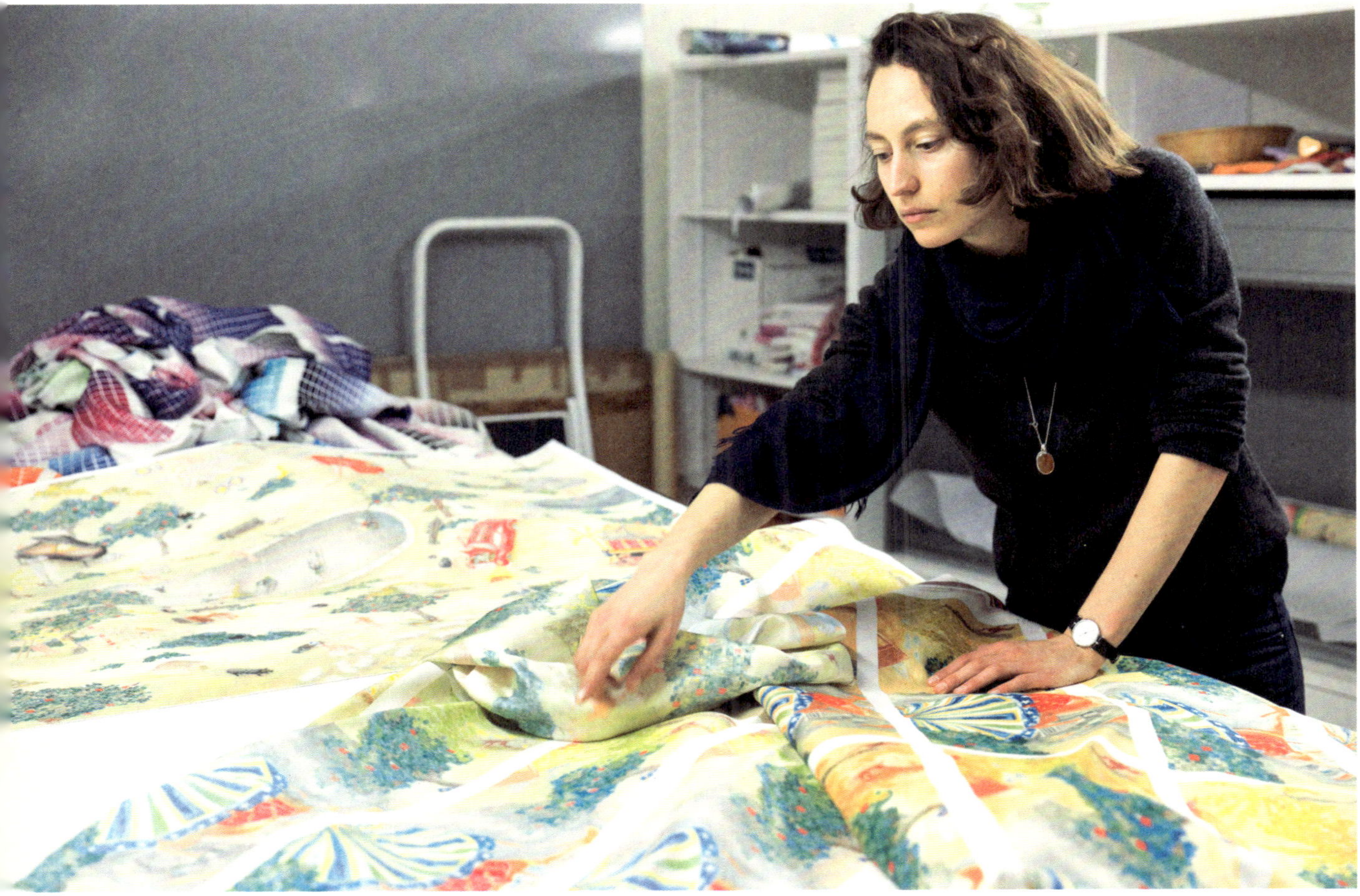

8-19 :
t en précisant mon projet, je prends la décision de matérialiser les couches numériques CMJN, caractéristiques de la quadrichromie. À l'échelle 1,
lessin est décomposé en quatre mousselines : cyan, magenta, jaune et noir, que l'on peut superposer selon son choix de deux, trois ou quatre couleurs.
was working out the details of my project, I decided to materialize the digital layers characteristic of four-colour printing, CMYK. The full-scale drawing is
ken down into four pieces of chiffon: cyan, magenta, yellow and black, which can be layered as required, by two, three or four colours.

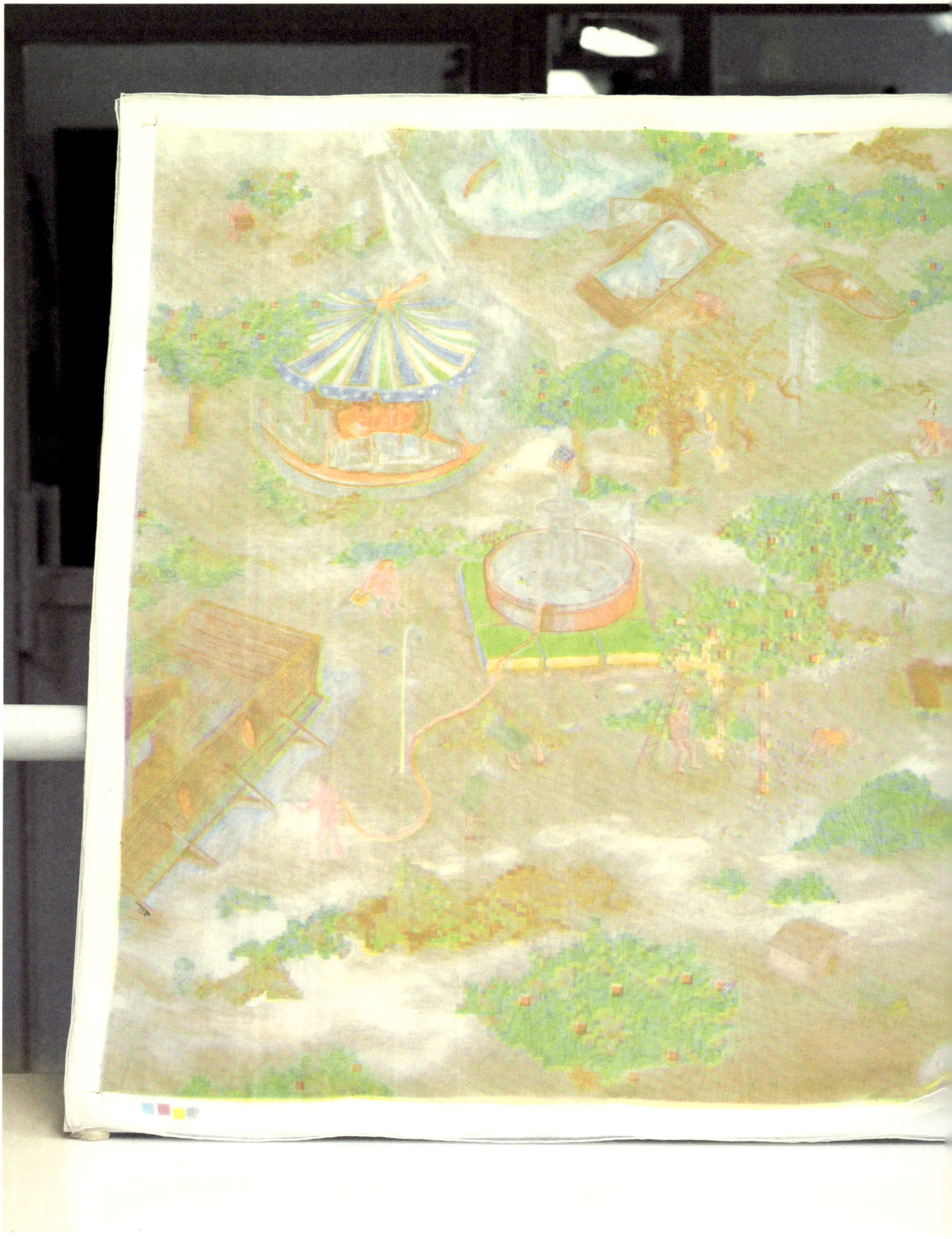

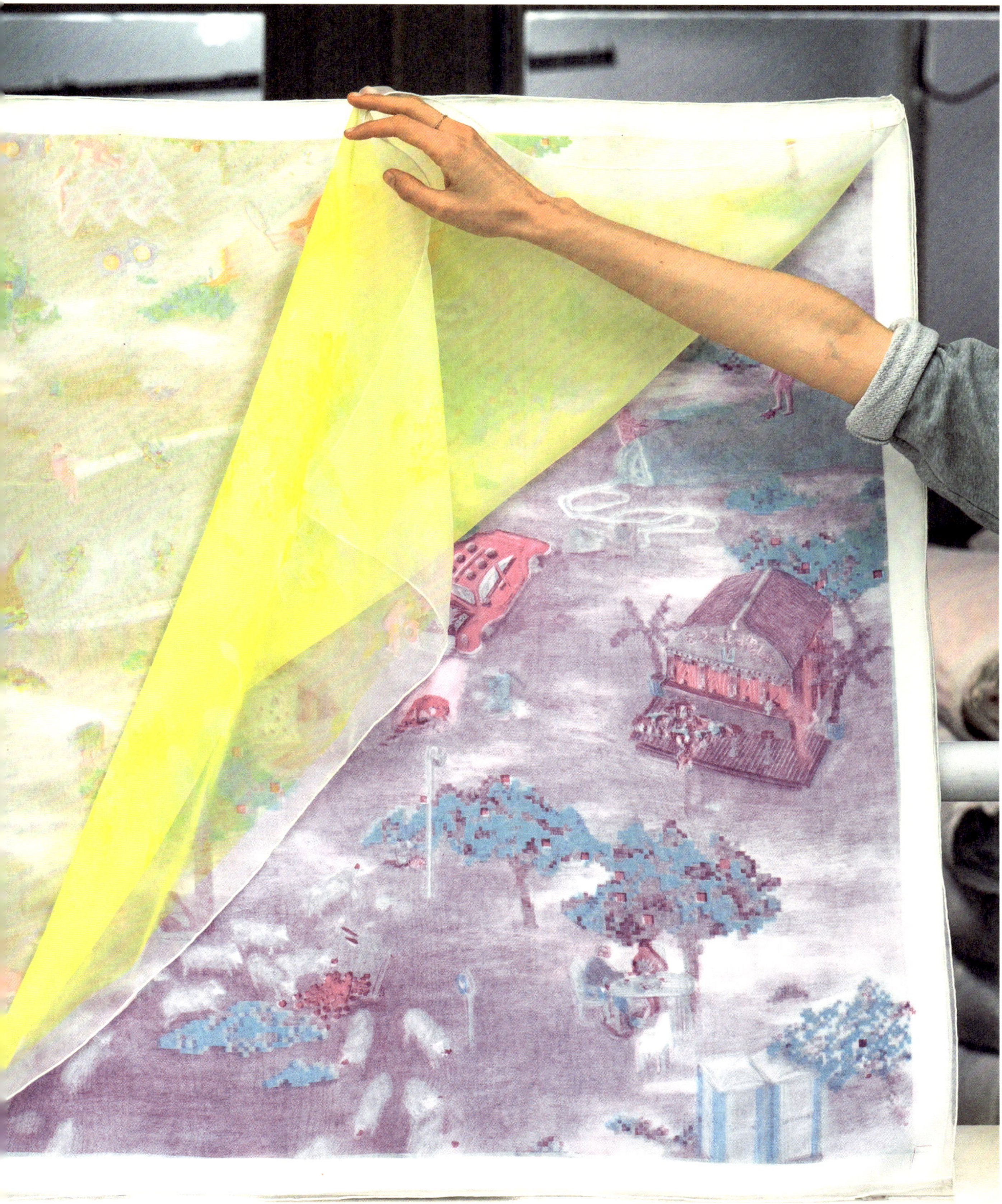

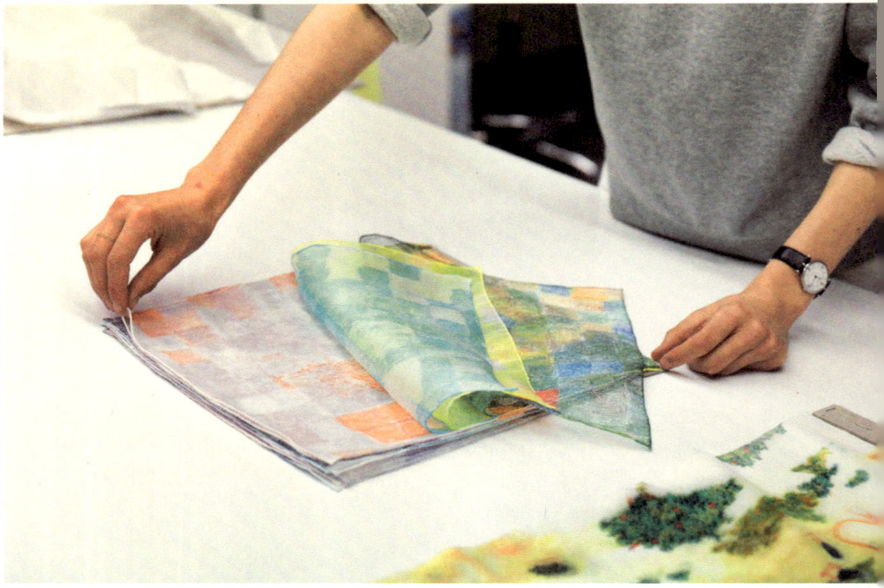

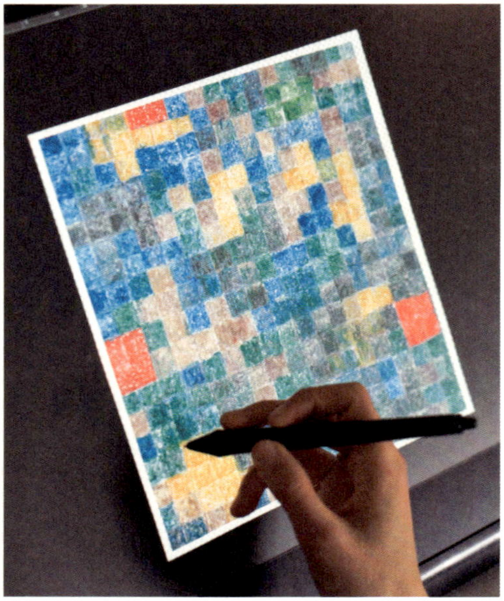

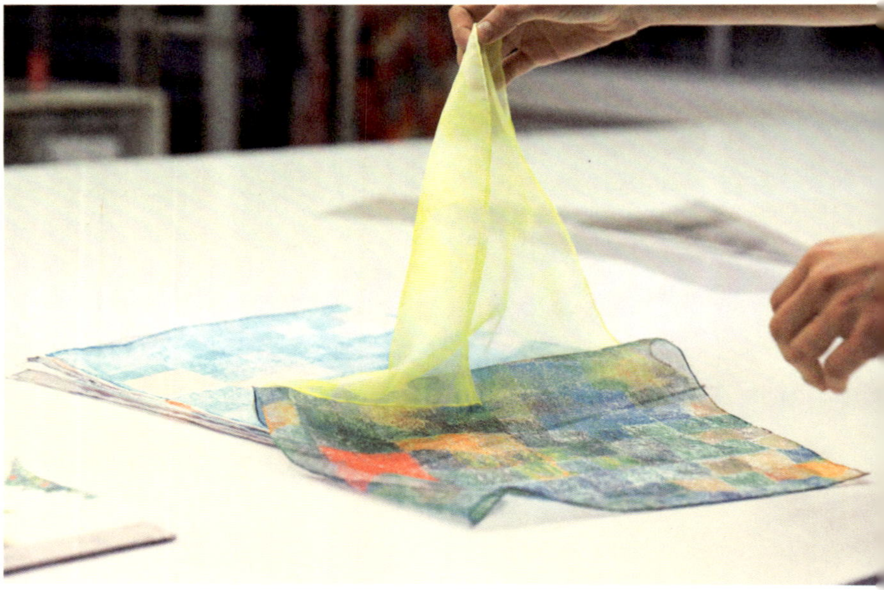

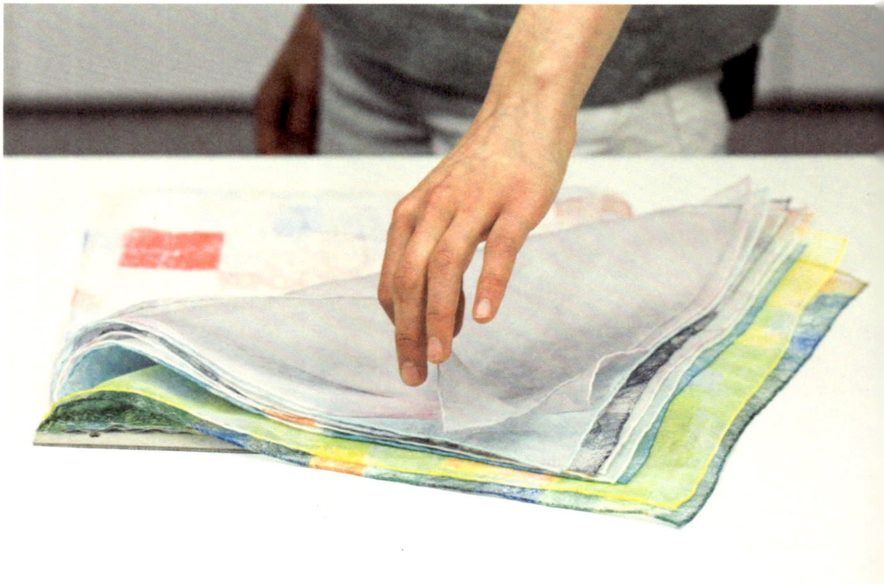

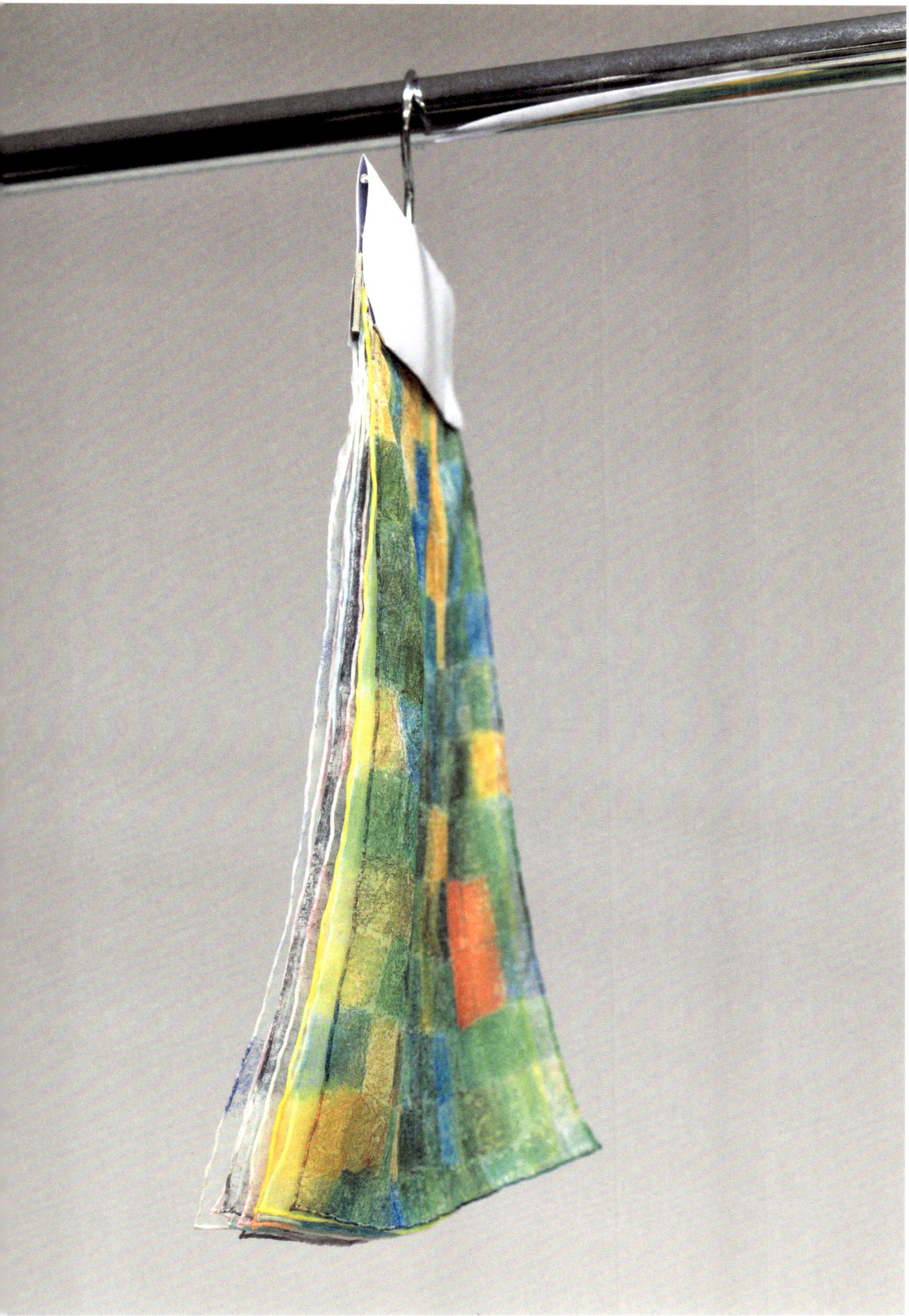

auche : De la même manière, un détail agrandi du dessin est décomposé en onze couches, correspondant aux onze cartouches sentes dans les imprimantes à jet d'encre.
roite : Cet ensemble est présenté sur un Robrack réalisé sur mesure, afin d'évoquer l'env ronnement de la manufacture, où les ıantillons et essais se promènent par ce biais, de portant en portant.
t: In the same way, a detail from the drawing is enlarged and broken down into eleven layers, one for each of the eleven cartridges in inkjet printers.
ht: This ensemble is presented on a specially made Robrack in order to evoke the world of the manufactory, where samples and ts are moved around in this way, from hanger to hanger.

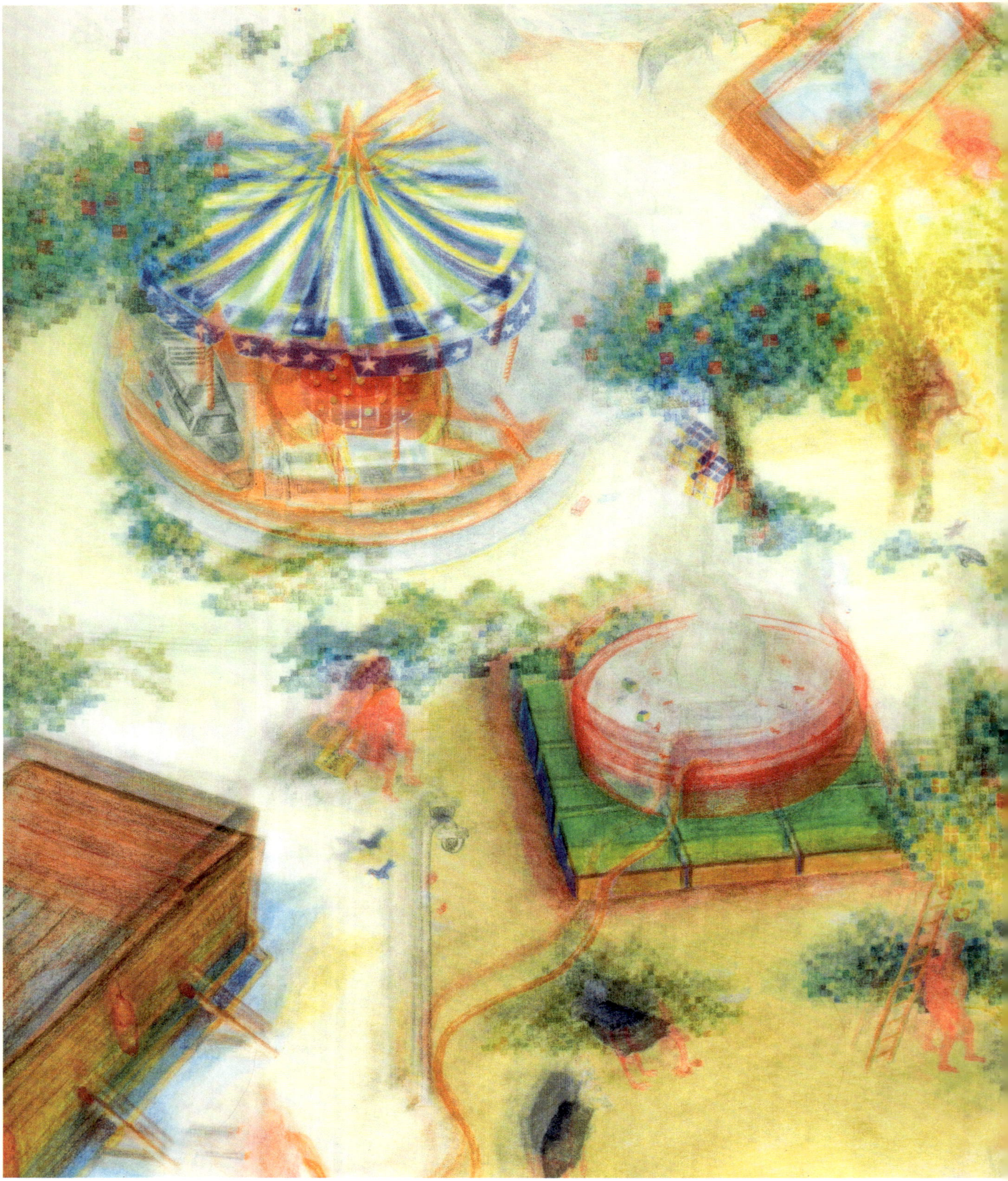

Mon troisième projet est un objet qui prend la forme d'un grand album conten
sept mousselines où sont retranscrites les sept étapes de construction de n
dessin. On voit les éléments se poser, le dessin prendre forme, en transparen

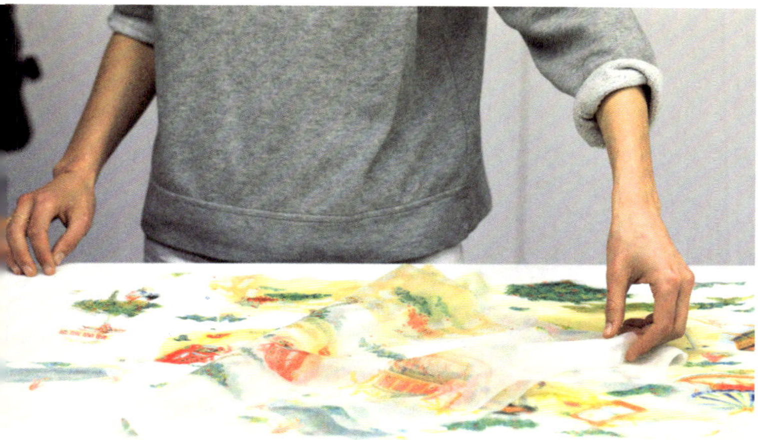

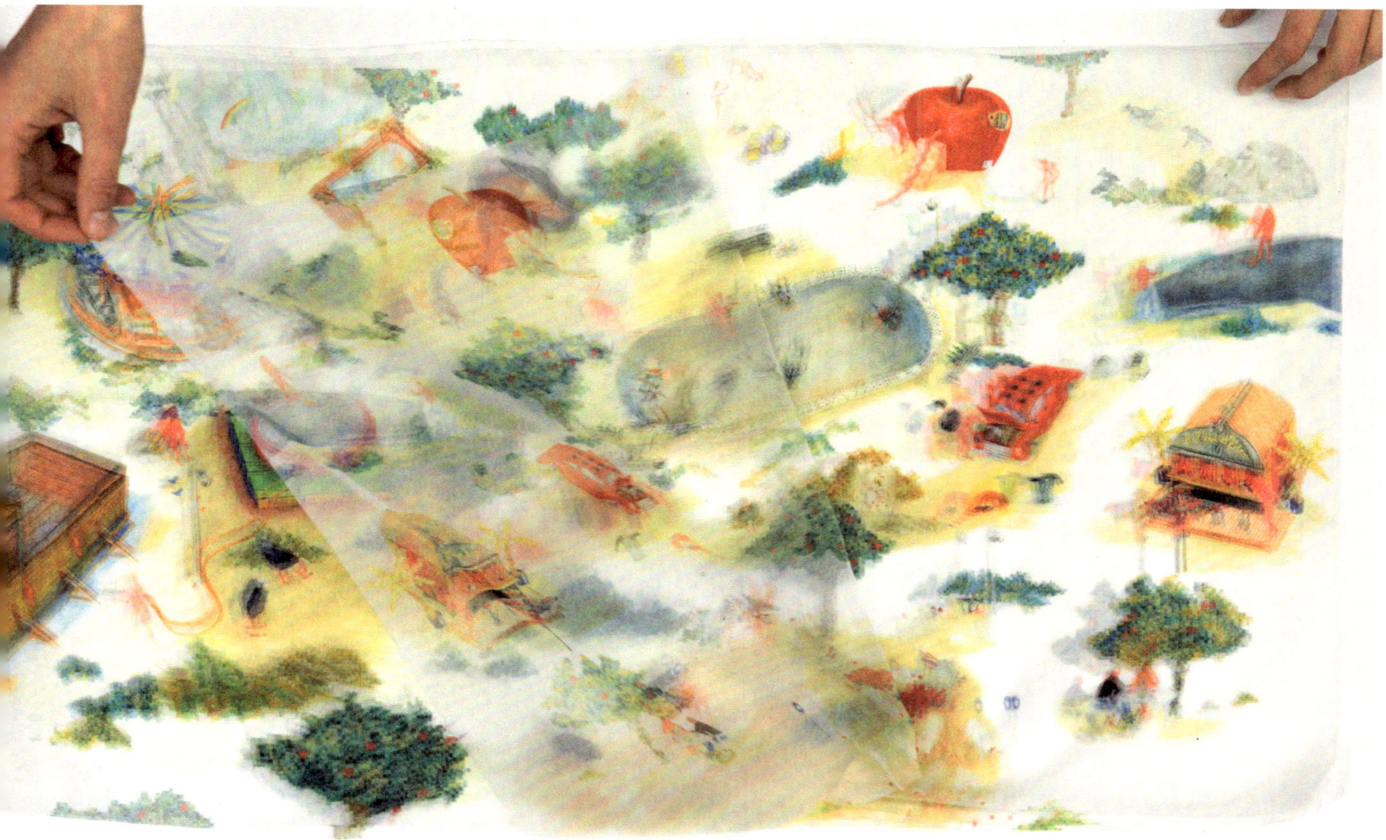

hird project is an object that takes the form of a large album containing seven pieces of chiffon
hich the seven stages in the construction of my drawing are transcribed. It is possible to see
elements fall into place and the drawing take shape, layer through layer.

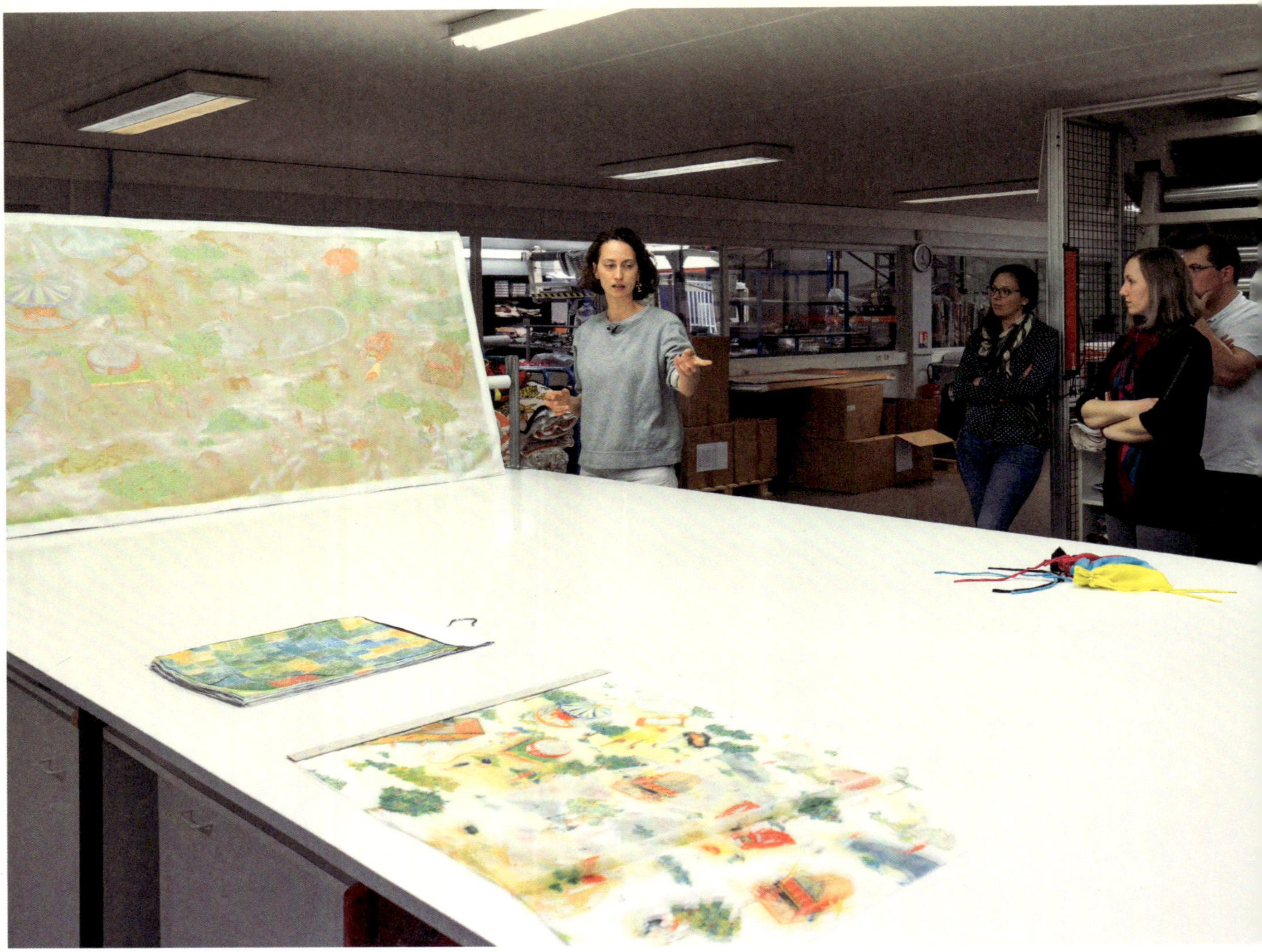

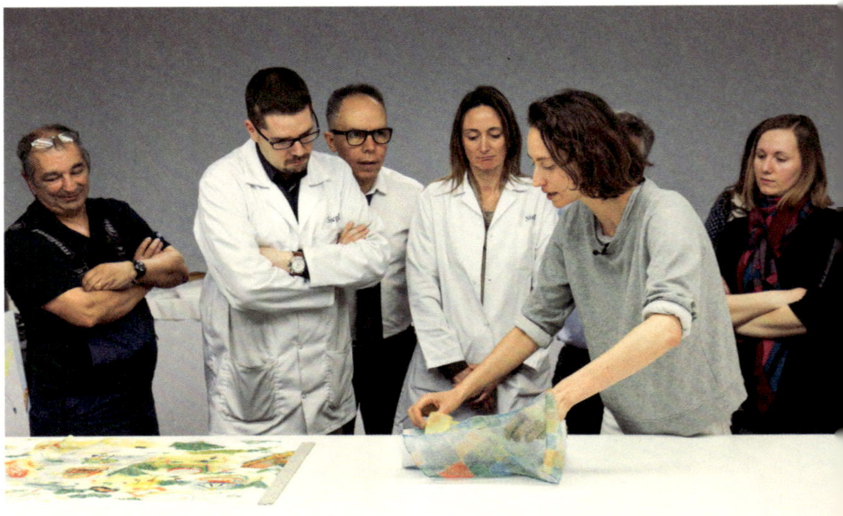

C'est le moment de réunir les artisans autour des différentes pièces réalisé

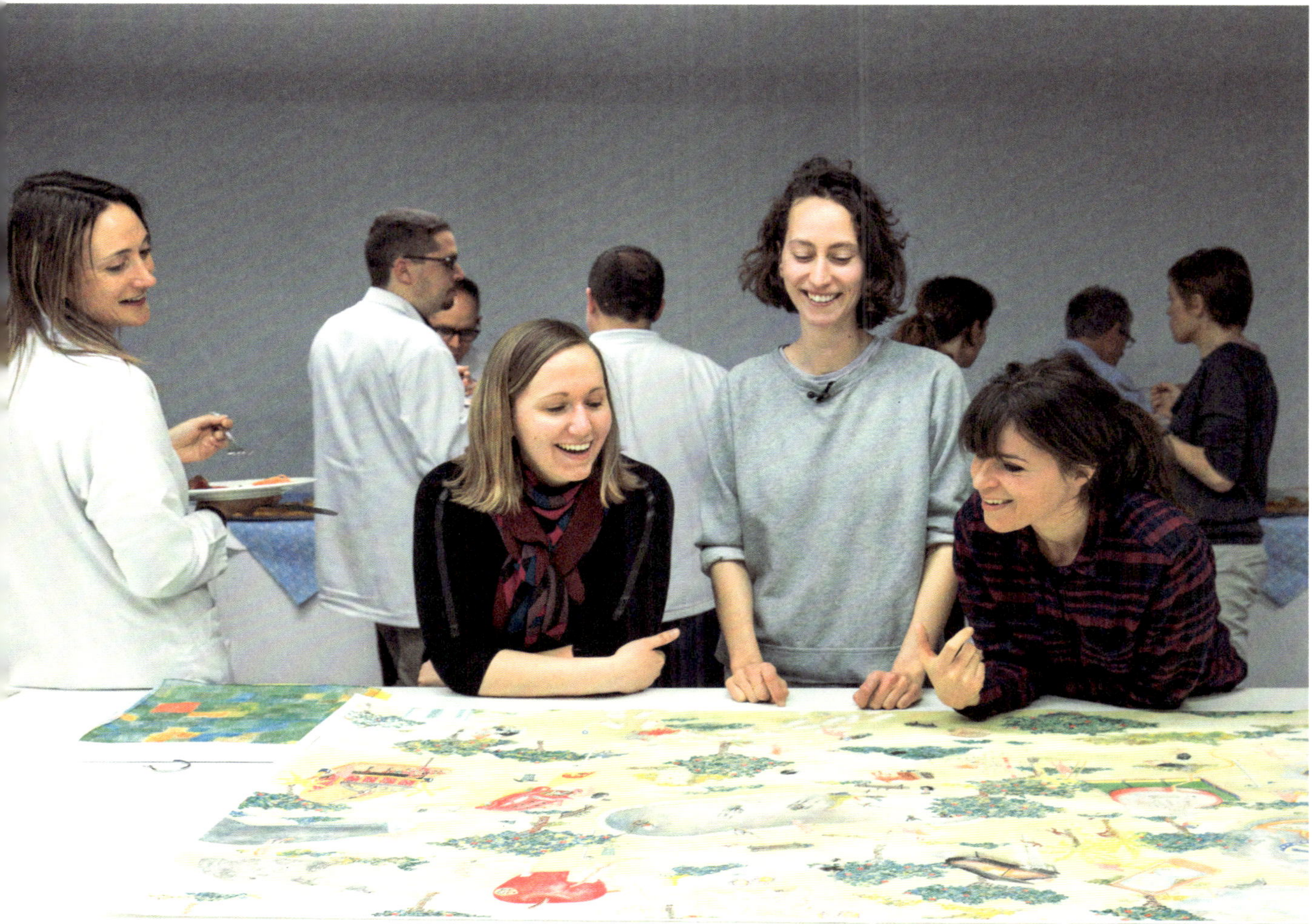

: to bring the artisans together around the different pieces that have been made.

Bianca Argimon and Jean-Michel Alberola talking with Gaël Charbau

From January to March 2017, Bianca Argimon was based in the Lyon region, between the Gandit[1] silk workshops and SIEGL,[2] part of Holding Textile Hermès.[3] There she developed a protean project whose starting point was a large drawing containing a series of scenes illustrating the excesses of our contemporary way of life. The four works she produced took on board different processes, technical constraints and skills from the medium of silk printing.

Gaël Charbau: You suggested that Bianca Argimon apply for this new residency in a Hermès manufactory. What made you choose her?
Jean-Michel Alberola:[4] I very much appreciate her extravagant universe, which is always related to political, social or economic questions that are very real. When you enter into one of her drawings, you find yourself in a veritable history of world capitalism! For me she belongs to that new wave of artists who are readily taking on the big narratives, offering a kind of description of the world, putting words onto the world. At the beginning of her residency there is the big drawing worked exactly like a parable presenting different aberrations related to our domination of nature, to our relation to overconsumption. I really liked the idea of bringing her very reflexive approach into the Hermès manufactories.
G. C.: Yes, and it was as she discovered the different phases of the printing process that Bianca gradually shifted her project, going in the opposite direction from its initial state.
J.-M. A.: The moment she appropriated the structure, the chain of production, her project became a way of breaking down the elaboration of an image, with all its industrial, mechanical and chemical implications. In her project she takes on board each of the constraints linked to the processes used by artisans in the silk manufactories, from the stages of digitization and adjusting the colours to the final printing. She developed the same level of rigour as the

1. Marcel Gandit was the historic printer of silk for Hermès. He founded his company in 1942. A vital link in the production chain, the firm joined Hermès in 2005 and has modernized constantly ever since.

2. The Société d'Impression sur Étoffes du Grand-Lemps is a production site grouping together various textile activities including colouring, various printing techniques, finishing and quality control. It joined Hermès in 2002.

3. Located in Rhône-Alpes, the Holding Textile Hermès is a pole that brings together ten establishments over four main sites. As the Hermès group's textile production pole, it supplies the Hermès textile accessories (scarves and ties) sold around the world and a part of Hermès men's and women's ready-to-wear. Since the beginning of the Fondation d'entreprise Hermès artists' residencies programme, Holding Textile Hermès has hosted Célia Gondol (2015), Jennifer Avery (2014), Gabriele Chiari (2013), Andrés Ramirez (2012) and Benoît Piéron (2010).

artisans themselves. What interested her in this experience was the idea of knowing where the work is heading in a general sense, but without being able to anticipate the phases, the adjustments made along the way, when several, sometimes contradictory directions are possible—but, as in life itself, coming together in the same finality.

4. Born in 1953, Jean-Michel Alberola became known in the 1980s in the context of the return to figuration and *pittora coltà* movements. His work has recently been seen in the exhibitions *Mathématiques, un dépaysement soudain* at the Fondation Cartier, ***Néons*** at the Maison Rouge and *Les Maîtres du désordre* at the Musée du Quai Branly (all 2012), and at the Fondation Maeght in *Les Aventures de la vérité* (2013). In 2016 he had a major exhibition at the Palais de Tokyo.

Gaël Charbau: How would you position the project you did in the silk workshops in relation to your work generally?
Bianca Argimon: I always take my inspiration from subjects that compel me in current events, or that are related to historical facts. For example, I made an ensemble that bears the names of the colorants you find in Fruit Loops cereal: *Rouge #40, Bleu #2, Curcuma, Jaune #6, Oxyde de zinc, Annatto, Bleu #1.*[5] It represents the farm of the twenty-first century, dehumanized and robotic, where the cows feed themselves. Their milk is poured into a central pool where it is joined by the Fruit Loops from a neighbouring factory, thus constituting a giant bowl of multicoloured cereals that they suck up through immense straws. In this loop on a superhuman scale, the cows each enter and leave, each a different colour—red, blue, etc. I also made carpets in which I appropriated the symbolism of the Oriental carpet: gardens seen from the sky (open spaces) introduced into the closed spaces that are our bedrooms. When I began thinking about their forms, I also looked at the panotpical prisons imagined by Jeremy Bentham, articulated around a central core, whose architecture, seen from the sky is similar to that of a garden. In contrast though, the *panopticon* confines. In my work I always try to express a form of engagement, not in the sense of denunciation, but in writing a chapter XXI,[6] a chapter in which, for example, humanity and nature pronounce their divorce.
The drawing I imagined for this residency project reflects this last example. It is titled *À l'ouest d'Éden* (West of Eden), because "to the west" of my composition I have represented a merry-go-round on which the horses are replaced by space shuttles, one of which is escaping skywards: it limply leaves the Earth when its interest is exhausted; a new departure, like the journey to Mars that we are thinking about today. The idea of this drawing became clear to me after I had been to see the Hieronymus Bosch exhibition at the Prado in 2016 and rediscovered the *Garden of Earthly Delights.* That was when this association of vices with silk (so pleasant to the touch and easy on the eye) became clear to me.

5. *Red #40, Blue #2, Turmeric, Yellow #6, Zinc Oxide, Annatto, Blue #1.*

6. For the artist this chapter corresponds to the twenty-first century.

G. C.: Can you describe some of the elements in this very rich and complex drawing?

Bianca Argimon: Everything you can see in it is interdependent. I associated the apple symbol with the Apple brand and with its monopoly, but also with the uniformity of the way we live nowadays. In this drawing, I wanted to show the apple trees pixelated, as if these trees from Eden had also been bought up by the giant Steve Jobs—you can see him in the drawing, talking up his latest tablet to Eve. Also in my composition you find the world of games—a Rubik's Cube, dominoes, card games—that symbolize the dangerous game humanity is playing by defying nature. I always try to keep a humorous note, as for example with the handful of ostriches with their heads stuck in the ground—so as not to see—while others walk around calmly wearing augmented reality glasses in order to see something different.

G. C.: This large drawing has worked like a kind of matrix, a source of several variations that all flow from the original, or from its fragments.

B. A.: Yes I wanted to make several experiments based on this raw material. In my first project, I wanted to make visible the way artisans using computers and printers break things down in order to then create their motifs and print the silk scarves using the silk-screen technique.[7] I reduced my drawing to four colours (cyan, magenta, yellow, black) and we reproduced the original by superimposing these four successive prints on chiffon. The final work is thus the double of that drawing worked up in layers. In fact, I made four pouches, one for each colour, that can be used to carry the chiffons and that evoke the work's lightness. After that I did another project which repeats only a detail of the pixelated tree in the original drawing, based on the same principle of superposition, but this time on twelve layers of chiffon. The printers at SIEGL use eleven different colour cartridges, so we isolated eleven shades of this tree so as to print a different colour on each piece of chiffon, in order to reconstitute the complete motif by superposition. These pieces of chiffon are presented suspended from a Robrack,[8] which is something they use in silk manufactories for keeping samples. The third project is a book measuring 80 x 50 centimetres, in which I have reproduced the stages in the construction of my original drawing. In the process of elaborating it, I effectively scanned the different phases of its development seven times, in order to record the process in this book. There again, in keeping with the principle of piled-up transparencies, the drawing appears layer by layer, a bit like a double ghost. With this apparatus my

7. Here Bianca is referring to the technique that corresponds to "Lyonnais-style" or "frame" printing on silk, used by Hermès for its scarves.

8. A support for presenting samples of fabric.

idea was to keep all the different strata from the making of the drawing. Finally, I conceived a project that stems from the pixelated tree and the games I mentioned in the drawing. This involves little wooden cubes the size of dice, painted different shades of green and presented on a shelf with a cup for throwing them.

G. C.: Given the subjects you work with, which are not always that jolly, would you define yourself as an illustrator or, perhaps, a "disillustrator"? Can you say a bit more about your relation to drawing?

B. A.: Yes! A "disillustrator" is pretty much it, since illustration is often related to a text, to a story. As I start with my imagination and the world around me, I think the term you have come up with is more apt. It's true that I like drawing a lot and that it's a practice that I privilege above others. People often ask me why. I would say that it's no doubt the modesty of the tool, all the things I can do with such limited resources. It has always been an immediate and automatic way of transcribing an idea, a feeling, an image that comes into my mind, or even the interpretation of a dream.

When I start a drawing, I always give it a lot of thought and spend more time reflecting on the general composition than actually drawing (locally). I consider it from a distance, to see if it works, in terms of colours, of the distribution of masses, etc. This very slow, very drawn-out time of creation and reflection is important for me. I try my best to keep control of my hourglass, but it is difficult to resist the race against time that our century has embarked on.

G. C.: How did the phases of your residency unfold? Did they cause your project to change?

B. A.: To begin with, I worked on the Gandit site and we had a very technical, very computerized approach to my project. We carried out a high-definition scan, then worked on graphics tablets, which are powerful tools, but ones with which I don't always feel in sync. The printing tests we made on paper turned out to be very different from the final results. After this preparation I moved on to the phase of printing on silk and chiffon at SIEGL, where I had very direct contact with the colourists, with whom we did a lot of work on the final rendering of the colours. After much research and discussion I came to the idea of printing my drawing on different layers of chiffon, getting completely into their working process. We really pushed the logic of isolating colours and I think I carried everyone along with me in that exploration. The fact of lunching together every day, of discovering all the processes, was very important for me, because although I know silk-screen printing very well, I had little idea of the complexity of inkjet printing. By sharing our techniques and our language, we really created an encounter between my ideas and the material possibilities at the manufactory, and I was able to capture the magic needed for the project.

Une publication/Published by
Actes Sud/Fondation d'entreprise Hermès

FONDATION D'ENTREPRISE HERMÈS
Président/President : Olivier Fournier
Directrice/Director : Catherine Tsekenis
Responsable Image éditoriale et publications/Head of Editorial Image and Publications :
Frédéric Hubin
Responsable de projet résidences/Head of Project : Clémence Fraysse
Chargée de projet residences/Project Manager : Julie Arnaud

ACTES SUD
Conception graphique/Graphic design : Raphaëlle Pinoncély
Mise en page/Layout : Atelier graphique Actes Sud
Correction/Copy editor : Aïté Bresson, Lauranne Valette (français), Bronwyn Mahoney (anglais)
Traduction/Translation : Charles Penwarden
Fabrication/Production : Géraldine Lay
Photogravure/Photoengraving : Caroline Lano, Terre Neuve

Texte/Text : Gaël Charbau
Légendes du portfolio/Portfolio's captions : Bianca Argimon
Photographies/Photographs : © Tadzio, 2017

REMERCIEMENTS
La Fondation d'entreprise Hermès et Bianca Argimon remercient son parrain, Jean-Michel Alberola, et les personnes ayant facilité le bon déroulement de la résidence : Xavier Lépingle, Hervé Leclercq, Ségolène Bruno, Kamel Hamadou ; les artisans Fabienne Cayot, Cyril Fassion, Florianne Goubet, Hélène Sylla, Aurélie Pal, Albane Gille, Frédérique Destombes, Mireille Millat-Carus, Anthony Laissus, Michaël Giraud-Guigues, Mickaël Junker, Pierre Pégoud, Serge Allex-Billaud, Laure Orcel, Pierrick Lepeltier, Nathalie Thomas et tous les collaborateurs de la Holding Textile Hermès.

The Fondation d'entreprise Hermès and Bianca Argimon thank the artist's mentor, Jean-Michel Alberola, and everyone who helped make her residency a success: Xavier Lépingle, Hervé Leclercq, Ségolène Bruno, Kamel Hamadou; the artisans Fabienne Cayot, Cyril Fassion, Florianne Goubet, Hélène Sylla, Aurélie Pal, Albane Gille, Frédérique Destombes, Mireille Millat-Carus, Anthony Laissus, Michaël Giraud-Guigues, Mickaël Junker, Pierre Pégoud, Serge Allex-Billaud, Laure Orcel, Pierrick Lepeltier, Nathalie Thomas and all the staff at Holding Textile Hermès.

ISBN 978-2-330-08506-3
www.actes-sud.fr
www.fondationdentreprisehermes.org

Achevé d'imprimer en septembre 2017
par l'imprimerie EBS à Vérone
pour le compte des éditions Actes Sud,
Le Méjan, place Nina-Berberova, 13200 Arles

Dépôt légal 1re édition : octobre 2017
(Imprimé en Italie.)